Golf, - det dybe mysterium

Golf
- det dybe mysterium

af

Elisabeth Egekvist

Golf, – det dybe mysterium
1. udgave, 1. oplag 2007

Copyright © 2007 Elisabeth Egekvist

Omslag: Elisabeth Egekvist

Forlag: Books on Demand GmbH, København, Danmark
Tryk: Books on Demand GmbH, Norderstedt, Tyskland

ISBN 978-87-7691-163-8

Indholdsfortegnelse

Indledning

At forsøge at løse golfens mysterium er næsten som at være detektiv i en krimi. Det er som at forsøge at gå rundt i Hercule Poirots elegante laksko og kigge ud gennem de lorgnetter, som skulle gøre det muligt at få øje på noget i menneskets inderste natur, der rummer gådens løsning.

Måske en håbløs opgave for en, som sandsynligvis snarere vil komme til at ligne en elefant i en porcelænsforretning! På den anden side har golf lært mig at tro på sagen, så jeg vover forsøget og håber, det vil lykkes mig at ramme bolden så godt, at den i det mindste kan spilles videre på!

For mit eget vedkommende har jeg ofte reflekteret over det mysterium, som golf nødvendigvis må dække over, eftersom så mange bliver nærmest afhængige af spillet, uden at de kan forklare hvorfor. Ja, nogle begynder ligefrem at tilrettelægge deres liv efter det.

Kort sagt: der er altså noget ved golf, som virker personligt dragende, og som slet ikke handler om encifrede handicaps, PGA tour eller de mange præmiemillioner. Disse dele er uopnåelige for de fleste golfspillere og kan kun fungere som et fjernt drømmeideal, - noget det kan være spændende at kigge på eller tale om, men som man ikke kan involvere sig personligt i.

Det kan man normalt heller ikke i krimiens verden, hvor der optræder en detektiv, som skal afsløre skurkene og få dem sat bag tremmer. Vi kan følge Poirot i optrevlingen af mysterierne, men ikke deltage i eller påvirke processen, og vi må passivt stå som tilskuere til præsentationen af løsningen, der kommer for dagen i sidste afsnit.

Sådan vil det ikke foregå i undersøgelsen af golfens mysterium. Her vil de enkelte trin i afsløringsprocessen blive præsenteret undervejs, og det vil så være op til læseren selv at afsige dommen til sidst, når bevisførelsen er lagt frem: er der tale om en afsløring af et mysterium, som læseren kan godtage, eller ej? Det vil være op til den enkelte golfspiller at vælge sit svar.

I bogen beskriver jeg min egen personlige vej, og den rummer både nogle psykologiske elementer, der tilsat lidt NLP og et par mere filosofisk betonede betragtninger har givet mig nogle indsigter, som har øget min glæde ved golf, og som forhåbentlig kan bidrage til læserens udbytte af spillet uanset handicap og fysisk eller teknisk formåen.

God fornøjelse!

Golf for alle

I mange år var golf forbeholdt den velhavende elite, som havde råd til at 'spilde' deres tid på golfbanen. I mine unge dage i den nordjyske hovedstad, Aalborg, sagde vi ikke 'golf', men 'gâlf' for at udtrykke det snobberi, som var (og sikkert visse steder stadig er) forbundet med spillet. Sagt med andre ord var golfbanen de riges legeplads, som pøbelen ikke gaves mulighed for at betræde.

Med den stigende velstand, som vi i de senere år har oplevet i de fleste samfundslag, er det nu slet ikke usædvanligt, at også såkaldt 'almindelige' mennesker har fået mulighed for at spille golf. Dette indebærer, at golfbanen bliver et sted, hvor de grænser som social status, uddannelse og beskæftigelse samt alder og køn normalt afstikker, bliver udviskede og erstattes af en ny samhørighedsfølelse, som golfen definerer betingelserne for.

Selv blev jeg ret ufrivilligt trukket ind i golfens verden af min svigerfar, der var 85, da han for første gang ramte en golfbold! Vi var en flok familiemedlemmer, som startede nogenlunde samtidig, og som med tiden har udviklet ret forskellige forhold til golfspillet: nogle satser på at udvikle spillestilen, andre på at deltage i matcher, andre på socialt samvær med vennerne, - og så mig selv, der har mest fokus på den personlige udvikling, som golf efter min opfattelse bringer med sig.

Spørgsmål, som mange måske vil stille her, er: Hvad menes der med personlig udvikling? Sker det også for mig, - og hvordan kan jeg mærke det? Og måske det allervigtigste, helt konkrete: Hvordan kan jeg forbedre mit golfspil samtidig med, at jeg udvikler mig personligt?

9

Det er alt sammen spørgsmål, som forhåbentlig vil være besvarede, når denne bog er læst til ende.

Men allerførst skal vi kradse lidt i golfens overflade for at se, hvad der gemmer sig i de lag, som ligger nedenunder. Der er tale om en proces, der afsløres skridt for skridt, når man bliver opmærksom på den, og som jeg har forsøgt at sætte ord på og skitsere i nogle modeller, der forhåbentlig kan kaste mere lys over sagen.

De første spæde skridt

De første spæde skridt

Der findes næppe nogen golfspiller, som helt har undgået at løbe ind i frustrationer over sin formåen på golfbanen. For en del – inkl. mig selv – har det ligefrem bevirket, at man er parat til at sælge sit dyrt indkøbte golfudstyr for en slik, alene for at undgå yderligere smerte.

Løsningen for mig har været at begynde at afdække, hvad der foregik på et dybere plan, for jeg havde en fornemmelse af, at der under de åbenlyse frustrationer gemte sig en hemmelighed (eller måske flere), som jeg måtte kende for at få det fulde udbytte af golf, og som bevirkede, at jeg på trods af min undertiden opgivende indstilling blev drevet ud på golfbanen gang på gang og fik mig til at elske spillet, selv om jeg mødte modstand.

For mig personligt har det således været en stor lettelse at kunne sætte nogle ord på de forskellige trin i mit møde med golf, fordi accept af en tilstand er betydelig nemmere at opnå, når man begynder at forstå tingenes sammenhæng. Det gør det også muligt at tale med andre om sine kriser.

Det har været en lang og undertiden sej proces at gennemgå, men samtidig har den også givet mig nogle indsigter, som jeg ikke vil være foruden. Jeg synes, jeg er blevet klogere på mig selv og min omverden, og jeg føler, at golf har beriget mit liv på flere planer.

Nedenfor vil jeg skitsere en model, som jeg har brugt i min egen søgen og som jeg håber, at andre kan anvende.

Mit første skridt var at anskue golf således:

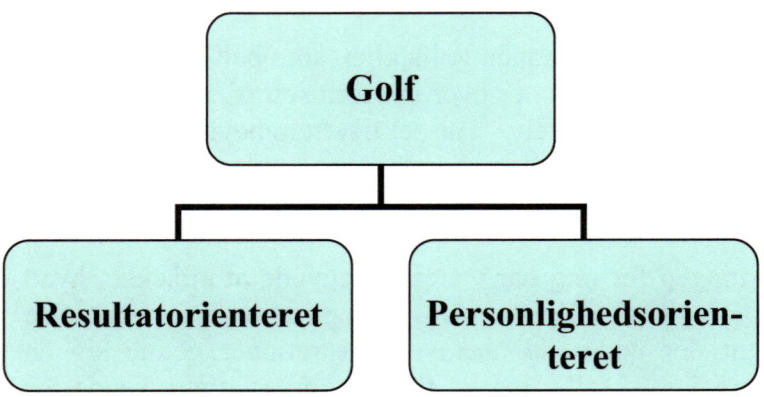

Hvor den resultatorienterede side har størst fokus at opnå et målbart resultat, dvs. det som scorekortet viser, drejer den personlighedsorienterede sig om at gøre en person 'rig' på andre måder, som ikke umiddelbart kan måles, og dermed også forekommer mere interessant for os.

Bortset fra, at jeg gerne ville opnå et handicap på 36 eller derunder, for at kunne spille på de fleste golfbaner i verden, havde den resultatorienterede side svært ved at fange min interesse, ligesom det heller ikke var her, jeg kiggede hen for at løse golfens mysterium. Det er derfor ikke den vej, processen går.

Derimod vil jeg haste videre til den personlighedsorienterede side af golf, som tiltrak mig intuitivt, og som jeg i begyndelsen fandt det mest hensigtsmæssigt at splitte op i to retninger, hvoraf den *mentale* del nok vil være den mest kendte, medens golfens *spirituelle* del sandsynligvis vil være et nyt begreb for de fleste.

14

Først langt senere føjede jeg golfens *mystiske* del til, så lad os foreløbig kigge på den mentale og den spirituelle side i processen:

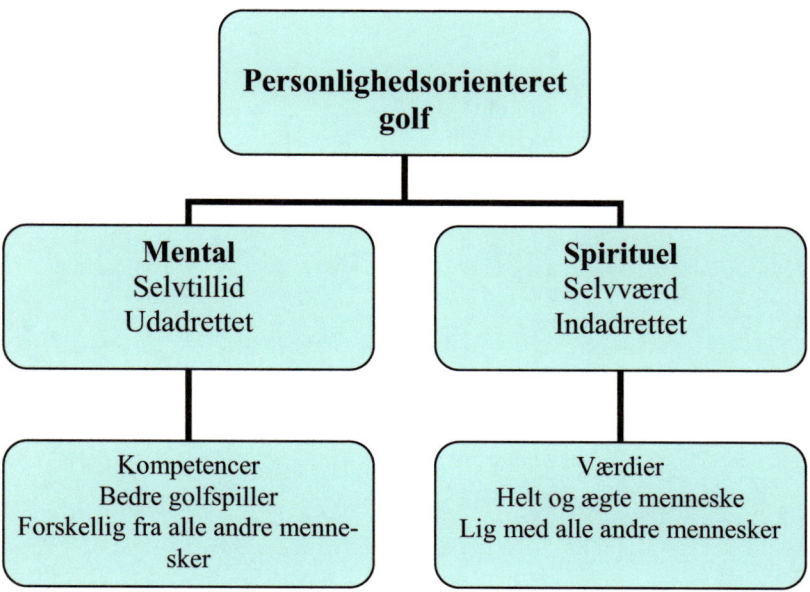

Hensigten med modellen er at begynde at skelne mellem det at kunne lykkes som *individuel* golfspiller, der er forskellig fra og konkurrerer med andre gennem en *tillid til sig selv og sine kompetencer,* og det at være menneske i lighed med alle andre mennesker, hvilket betyder, at man har værdi i sig selv, altså *selvværd.*

Første skridt på vejen er således at være åben over for tanken om, at man som golfspiller vil være både mentalt og spirituelt til stede på golfbanen, når vi går videre i vores undersøgelse af golfens mysterium.

15

Golfens mentale side

Golfens mentale side

Lad os begynde med at se på den side af golf, som de fleste umiddelbart kan acceptere og måske endog kender noget til. Det drejer sig om golfens mentale side. Hvad kan den fortælle os om golfens mysterium?

Inden for NLP arbejdes der med den opfattelse, at mennesker ikke forholder sig til virkeligheden, sådan som den er, men til et landkort over virkeligheden.

Jeg selv har fundet det lettest at forstå dette forhold på den måde, at vi i vores opvækst danner os et par 'briller' på, hvorigennem vi betragter virkeligheden, og som gør det muligt at stille skarpt på visse punkter og forvrænge andre, medens andre igen bliver helt umulige at få øje på. Disse briller kan siges at have mental karakter, hvorfor jeg kalder dem 'mentale briller'.

Denne proces indebærer bl.a., at man lærer, hvad der i *samfundet* betragtes som rigtigt og forkert, - hvad der er værdifuldt, og hvad der er forbudt område (jf. tabuer). Læringen oplagres som indre billeder og lyde i nervesystemet og danner vaner, der dirigerer ens adfærd i hverdagen uden, at man tænker over det eller stiller spørgsmål ved det.

Man kører så at sige på automat-pilot, og så længe man overholder færdselsreglerne, går alt gnidningsløst.

Prøv at kigge lidt på modellen på næste side, så du bedre kan få et indtryk af, hvad jeg mener.

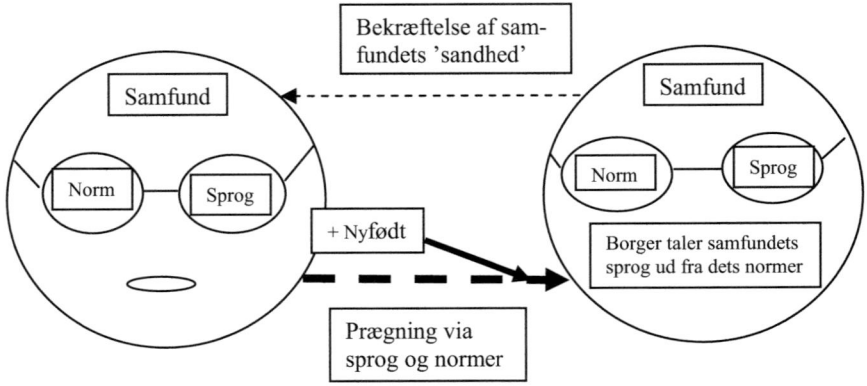

'Mentale briller'
Den nyfødte præges til at tale og tænke, ligesom der tales og tænkes i samfundet, hvorved dette også bekræftes i at have de rigtige 'mentale briller'.

Som det fremgår af modellen formes den nyfødte ideelt set til at blive en god og nyttig borger i den cirkel, som samfundet tegner om sig selv ved hjælp af sprog og normer. Dette optager så til gengæld barnet som et fuldgyldigt medlem, der samtidig bekræfter sandheden i de 'mentale briller', samfundet bærer rundt på.

En selvbekræftende proces er altså udviklet, og denne kan under gunstige omstændigheder og i en vis periode skabe grobund for stabilitet.

Som det vil ses, fokuserer ovennævnte model på den prægning af et menneske, der kommer *udefra,* dvs. det er samfundets normer og værdier, som bliver identitetsdannende, og som de fleste lever deres liv ud fra. En vigtig ting, de fleste har lært som barn, og hvis sandhed jævnligt bekræftes af omverdenen, er fx, at det er godt at have succes og skidt at have fiasko. Det viser sig ved, at man får ros for at være dygtig til noget og ris, hvis man ikke klarer sig så godt.

Det ville ikke betyde så meget, hvis man blot kunne sige: "OK, jeg er ikke så god til at svømme, men hvad så?" Eller: "Jeg er ikke så god til at lave mad, så jeg må øve mig noget mere". Næh, problemet opstår, når man (ubevidst) hæfter sin uformåen angående en færdighed sammen med sit ønske om at have værdi som menneske, dvs. når man blander sine kompetencer sammen med sin identitet.

Med andre ord, når man forveksler den, man *er* med det, man *kan*. Man bliver *flov* ikke blot over sine manglende evner i en eller anden forbindelse, men også over at være det menneske, man er. I sin yderste konsekvens kan der opstå en angst for at blive udelukket fra fællesskabet, som jo knyttes sammen af nogle fælles opfattelser af, hvordan et menneske *bør* være for at høre til der.

Her kan vi altså finde en grund til, at mange mennesker holder sig tilbage med hensyn til at lære nyt, - ikke mindst når de først er kommet op i årene og har skabt et trygt om end fejlbehæftet fundament, som deres liv og forståelse af sig selv hviler på.

Kunsten bliver at lære at skelne mellem selvtillid og selvværd, idet førstnævnte begreb peger på det mentale og det at have tillid til sine *evner og færdigheder*, medens sidstnævnte peger på det spirituelle og det at være i stand til at validere sig selv som *menneske* uanset fysisk og/eller psykisk formåen.

Vi skal så småt til at kaste os ud i, hvordan det er muligt. Lad os først kigge lidt på, hvad der kan gøres for at overkomme angsten for fiasko, for at se om vi ad den vej kan løse golfens mysterium.

21

Om at overkomme angst for fiasko

Inden for NLP arbejder man på en meget direkte facon med de indre forestillinger, som er forbundet med angsten for at opleve fiasko. Man kan have blokeringer, som først må lokaliseres og bearbejdes, hvis man vil løse problemet.

Ofte viser det sig, at man med ser triste grå og stivnede billeder, der slet ikke afspejler den nysgerrighed og forventning, som små børn møder det nye på. Hvis problemet er stort, kan man naturligvis konsultere en NLP-terapeut eller lignende, men i de mildere tilfælde kan følgende metode anvendes.

Det nedenstående eksempel er hentet fra en af mine mange runder som kaninfører. Her har jeg oplevet flere kaniner, som har været nervøse og uden megen tillid til, at det nogensinde ville lykkes dem at blive spillet fri:

En dag skulle jeg gå med en yngre kvinde. Hun var både velbegavet og i god fysisk form, men allerede inden hun slog til sin bold på første tee fortalte hun mig, at dette her slet ikke ville lykkes.

Jeg forsikrede hende om, at jeg ville hjælpe hende, så godt jeg kunne, og at hun kunne betragte runden som en hyggelig prøvetur, hvor hun kunne opleve en stor bane. Indtil da havde hun kun øvet sig på klubbens par-3 bane.

Efter at have brugt mine overtalelsesevner på bedste vis lykkedes det mig at få hende til at slå sit første slag.

Det gik ikke ubetinget godt, men fremad kom bolden dog. Og så gik det ellers derudad med hiv og sving.

Flere gange var hun totalt opgivende, - og scorekortet så ikke for godt ud. På hul 5 lykkedes det endelig at få et godt udslag, men alligevel tog det evigheder at komme igennem lange par-5 hul. Frustrationerne fik atter frit løb. Hul 6 gik heller ikke særlig godt, så hun ville opgive. Hun gad aldrig mere spille golf. Hun var en fiasko.

Jeg undlod at lade mig irritere, gjorde hende opmærksom på, at det selvfølgelig var hendes valg at opgive, men da vejret var så godt, og vi var langt fra klubhuset, kunne vi jo ligeså godt gå videre...

Nu ved jeg fra NLP, at når noget ikke virker, så må man prøve noget andet. Altså lagde jeg min strategi om. I stedet for at opmuntre hende i spillet, begyndte jeg at *aflede* hendes opmærksomhed fra det. Der var kommet alt for meget fokus på hendes præstationer her, og angsten for fiasko fik hende til at stivne i kroppen og ønske at give op.

Jeg kendte ikke meget til min 'kanin' i forvejen, så jeg begyndte at spørge ind til, hvad hun arbejdede med i det daglige. Der var et lille stykke at gå til næste hul, så vi fik gang i en hyggelig snak.

Det viste sig – heldigvis – at hun havde et job, hun var ikke blot glad for, men også særdeles dygtig til. Hun fortalte om, hvad det gik ud på, og jeg spurgte interesseret om mere. Det var en lettelse uden lige. Vi gik langsomt og gav os god tid. Det var hyggeligt.

Så kom vi til hul 7. Hun stillede op på teestedet og slog ud. Et smukt, smukt slag. Hun var glad overrasket, og jeg begyndte at rose hende. Også på fairway gik det godt. Og nu kørte spillet.

Stemningen lettede. Vi begyndte at kunne grine over de slag, som selvfølgelig stadig ikke lykkedes, men der kom flere og flere af de gode. Indimellem spurgte jeg ind til hendes arbejde, - ikke for at snage, men fordi jeg kunne høre og se, at hun følte sig sikker i det og var i stand til at føre denne sikkerhed over i golfspillet.

Hun kom godt ind efter de 9 huller. Ikke med den nødvendige score, men med en forventning om, at det her med golf kunne hun godt lære. Hurdlen var overvundet.

Hun blev enig med sig selv om at tage et par ekstra lektioner hos klubbens pro inden næste kanin-tur, hvor det så lykkedes at komme igennem.

Hvad var det, der skete? Jo, jeg har allerede nævnt, at jeg ønskede at fjerne fokus fra golfspillet og *den angst for fiasko,* som hun havde koblet herpå. Hvis jeg havde haft mulighed for det, kunne jeg have bedt hende om at fortælle mig, hvordan hendes mentale forestillingsbilleder i forbindelse med golf-færdigheder så ud.

Det måtte jeg undlade. I stedet fik jeg – måske lidt heldigt – fat i de forestillingsbilleder, som hun forbandt med et arbejde, hun var dygtig til, - og som hun uden at vide af det var i stand til at overføre til golfspillet. Så i stedet for at se stivnede og grå billeder, der signalerede angst, så hun nu en farverig og levende 'film' på sin indre skærm, og den gav hende tillid til sine evner.

En anden form for bearbejdning af den mentale side af golf, som man selv kan anvende uden de store anstrengelser, foregår ved, at man lærer at tænke positivt. Det betyder ikke, at man skal gå at indbilde sig selv, at man kan drive 250 m, hvis man nu altså kun kan slå 150 m.

I stedet skal man forstå den positive tænkning på den måde, at man siger til sig selv, hvad man *vil*, i stedet for at sige, hvad man *ikke vil*, - altså formulerer man sit mål positivt.

Prøv engang at læse følgende eksempel fra endnu en kanin-tur, jeg har gået.

Om at tænke positive tanker

Jeg skal være kanin-fører for en midaldrende mand. Jeg kender ham ikke på forhånd, men han virker meget sympa-tisk, og jeg mærker hurtigt, at der er tale om en 'blød' mand, hvilket passer mig fint, for jeg er ikke særlig erfaren som kanin-fører og føler mig lidt usikker.

Min kanin har været ude på den store en enkelt gang tidli-gere. Det havde ikke været den store succes, så han er noget nervøs og opdager slet ikke mine betænkeligheder. Han slår ud på første tee, og det går vældig godt. Efter et par gode fairway-slag har jeg lidt svært ved at forstå, hvorfor det kik-sede for ham på første runde.

Det første hul går fint, men så begynder problemerne at dukke op: hans bold havner alle de 'umulige' steder, og selv om vi forsøger at glatte ud ved at tage tingene let, får jeg en fornemmelse af, at der ligger noget mere bag.

På hul 4 er der en lumsk bakke, som man helst skal over i første slag. Samtidig er det et meget smalt hul, der omkran-ses af høje træer, som det kræver et lige slag at undgå. Vi står på teestedet og snakker lidt om hullet og dets udfor-dringer, da jeg lægger mærke til, at min kanin omtaler bak-ken og de omkransende træer som steder, han *ikke* må slå sin bold hen.

Nu begynder det at gå op for mig, at flere af hans uheld på de tidligere huller kan skyldes, at han har en tendens til at tænke i, hvad han *ikke* skal gøre, i stedet for hvad han skal gøre.

Inden for NLP plejer man at sige, at sindet ikke forstår negationer, hvorfor det smider 'ikke' væk og kun forholder sig til det, der bliver tilbage. Når man tænker: "Jeg vil *ikke* slå ind i bakken!", så forstår ens sind det altså som: "Jeg vil slå ind i bakken!"

Løsningen er derfor at formulere, hvor man har til hensigt at slå sin bold hen, og slippe tanken om, hvor den ikke skal havne.

I dette tilfælde gjaldt det om at få fokus rettet mod et område bag ved bakken, som jeg vidste, at min kanin sagtens kunne nå med et almindeligt slag. Så jeg udpegede stedet for ham, og det lykkedes: han kom flot ned over bakken og scorede faktisk en birdie!

På næste hul var der lige en hurdle i form af et lille vandløb, som han nærede en vis frygt for. Men endnu engang virkede strategien, da jeg fik hans opmærksomhed rettet mod et stykke græs på den anden siden af vandløbet, som han skulle forsøge at ramme.

Det lykkedes, og der blev scoret points også på dette hul.

Det er således vigtigt at erkende, at når man prøver at fortælle sig selv, at man *ikke vil slå sin bold ind en bakke* (i en sø, bunker eller lignende), så forvrænger sproget virkeligheden, uden at man tænker over det. Det skal vi måske lige prøve at kigge nærmere på.

Hele miseren ligger i det lille ord 'ikke', for hvordan skal det forstås?

Umiddelbart siger du jo, at du *ikke vil slå din bold...* Denne påstand modbevises imidlertid hurtigt over for dit sind af din handling, for du slår jo rent faktisk til din bold.

Hvad så med bakken, - er negationen 'ikke' knyttet til den?

Bakken? Jamen, den er jo reelt eksisterende. Den kan jeg se med mine egne øjne, så den kan heller ikke negeres.

Sindet drager den eneste logiske konklusion: *Jeg vil slå min bold ind i bakken.* Og det gør du så, hvis du ellers er i stand til at ramme bolden i den forvirring, som er skabt i dit sind.

Vi har tidligere set, at vores 'mentale briller' forvrænger virkeligheden. Nu ser vi med al tydelighed, hvordan sproget spiller os et puds.

Løsningen er at indse, at en beslutning kun kan være positivt formuleret. Alt andet er en illusion, som virker, når vi taler med andre mennesker, fordi de bærer rundt på et par 'mentale briller', der på afgørende vis (fælles sprog) ligner vores egne.

Da den indre dialog i høj grad dirigerer vores adfærd er det vigtigt at være opmærksom på den og ændre de dele, som hindrer udfoldelsen af vores fulde golfpotentiale.

Lav et anker

Nu hvor læseren forhåbentlig er ved at være indstillet på, at der er visse muligheder for at påvirke sit golfspil ved at vide noget om, hvordan sindet virker, vil jeg også nævne muligheden for at *lave et anker*.

Et anker er en måde, hvorpå man kan forbinde en indre forestilling med en ydre adfærd. Vi kender det fx fra den erfaring, at en bestemt melodi kan bringe os i kontakt med en bestemt situation, hvor vi måske var forelskede og følte os lykkelige: melodien har ankret sig i sindet og bringer os i den følelsesmæssige tilstand, som vi befandt os i på det tidspunkt, hvor det pågældende stykke musik blev spillet. Denne evne kan vi bruge mere aktivt og direkte i vores golfspil, hvor vi kan bruge sindets evne til at forbinde en påvirkning af *huden* med en positiv erindring om noget, vi er glade for eller gode til.

Ganske enkelt kan man sætte sig i en stol, lukke øjnene og tænke på en situation, man er glad for at tænke på, måske fordi man har klaret en opgave godt eller fordi man af anden grund følte sig godt tilpas. Man skal prøve at få et klart et forestillingsbillede frem, som kan ses eller fornemmes, ligesom det vil være fint, hvis det er muligt at knytte lyde (fx musik eller fra naturen) til oplevelsen. Når man er godt inde i sindsstemningen trykker man med et fast tryk med sin venstre tommelfinger på højre hånd på den bløde del mellem højre hånds tommelfinger og pegefinger (omvendt hvis du er venstrehåndsspiller). Det er bedst at installere ankeret på den hånd, som du ikke bærer handske på.

Optimalt skal du finde 3 gode erindringer, som ankres det samme sted. Mellem de forskellige ankringer skal du rejse dig op og ryste krop og hænder godt.

Når du står ude på banen i en vanskelig spillesituation, kan du udløse ankeret ved at trykke på stedet.

Kroppen har en formidabel evne til at huske alle de understøttende sindsstemninger, du har forankret, og udløsningen af ankeret vil automatisk føre dit sind tilbage til disse og give dig den varme og glæde i kroppen, som du har brug for til at løsne op for stivnede muskler og at redde dig velbeholdent ud af den vanskelige situation.

Det vil naturligvis også være en god idé at have en medspiller, som er interesseret i at mentaltræne, så I kan tale om det og hjælpe hinanden. Desuden vil det være udmærket at forny eller forstærke ankeret med jævne mellemrum.

Hvis du hellere vil have en fysisk genstand som dit anker, kan du have en lille ting med i lommen, fx en sten, et lille tøjdyr eller lignende, som du på forhånd har 'programmeret' med konstruktive tanker og følelser.

Husk, det er ikke tingen i sig selv, men de minder, som du personligt knytter til den, der kan guide dit sind tilbage til nogle understøttende sindsstemninger og herved give dig tillid til din formåen – også på golfbanen.

Efterhånden som du oplever nogle succeser på golfbanen, kan du bruge disse som anker. En god idé i den forbindelse kan være at lave en fortegnelse over de gode slag eller andre oplevelser inden for golf, som du glæder dig over.

Ved at skrive dem ned kan du senere genopfriske dem – både med henblik på at blive en bedre golfspiller, men også for at kunne følge din udvikling som golfspiller.

Selvtillid gennem gode mentale værktøjer

Hermed er vi kommet til en opsummering af de værktøjer, som er tilgængelige for enhver golfspiller, der har lyst til at bruge en måske ukonventionel forståelse af, hvordan det menneskelige sind virker. De vigtigste pointer er:

- *Hvis noget ikke virker, så prøv noget andet.* Hvis dit spil ikke fungerer, kan du i et kortere eller længere øjeblik rette fokus væk fra spillet til lyde eller oplevelser i naturen: fuglesang, bækkens brusen, vindens susen i træerne, skyernes flugt på himlen, ænderne i søen eller lignende. Hiv dig ud af den dårlige spiral og byg en konstruktiv op. Tal med din medspiller. Tag en pause, sæt dig på en bænk og drik lidt vand eller spis lidt mad.
- *Tænk på noget, du er god til.* Øv dig gerne på forhånd i at tænke på noget, du har gode evner for, og som du er glad for at gøre. Det er fuldstændig ligegyldigt hvad. Læg mærke til, hvordan du har det i kroppen, når du tænker på det, du er god til.
- *Lav et 'anker'.* Du kan installere et 'anker' eller bruge en genstand, som gør det muligt for dig hurtigt at aktivere nogle erindringer, der yder en konstruktiv indflydelse på dit sind og dine muskler. Er de anspændte, er der risiko for fejlslag. Er de afslappede og gennemstrømmet af fornemmelsen af at være god til noget, er chancen for succes optimeret.

- *Formuler dine beslutninger positivt.* Husk, at sindet overhører negationer, så du må fortælle det, hvad du gerne vil, i stedet for at sige, hvad du ikke vil.
- *Saml på gode slag og golfminder.* Der er altid udsving i et menneskes liv, og ingen undgår dage, hvor tingene ikke lykkes. Heldigvis er der også dage, hvor der er gode slag, som nok kan være værd at huske på, når humøret er nede.

Ovenstående råd gør det muligt at hjælpe dig over forskellige hurdler på golfbanen, og måske nogle læsere har mest lyst til at stoppe her. For den nysgerrige er der imidlertid mere at komme efter, hvis man erkender, at golfens dragende indflydelse ikke nødvendigvis hænger sammen med en fremgang som golfspiller.

Næh, der må ligge noget i golf, som vi er nødt til at vide mere om for at løse mysteriet: vi skal over til den spirituelle del.

Golfens spirituelle side

Golfens spirituelle side

Så er tiden inde til at bevæge sig ud på den vanskelige færd, der drejer sig om at beskrive, hvad jeg nærmere mener med golfens spirituelle side.

Som tidligere nævnt skelner jeg mellem religiøsitet og spiritualitet, idet jeg anser enhver form for religion som retningslinier, der forsøger at fastlægge et menneskes forhold til tilværelsens spirituelle side. En religion indgår i et samfunds 'mentale briller' og præger dets indstilling til nogle af tilværelsens fundamentale spørgsmål.

Spiritualitet, derimod, er en naturlig tilstand, som ikke kræver ord og ritualer. Det er en mere eller mindre bevidst fornemmelse af at være en del af et større system. Det er et grundvilkår i den menneskelige eksistens. Spiritualitet vender opmærksomheden *indad* i en bevægelse, som er helt individuel, dvs. uafhængig af 'mentale briller' og ydre normer. Spiritualitet afspejler således en persons indre samhørighed med alle andre mennesker. Der er tale om en følelse, der som farver eller musik er afgørende for grundstemningen i et menneskes liv og herved danner en basis for de *værdier*, der styrer en persons adfærd og handlinger.

Hvor religion således kan betragtes som et maleri eller en symfoni, er spiritualitet nærmere de farver eller de toner, der gør frembringelsen af maleriet og symfonien mulig. Enhver religion, har været bearbejdet gennem et eller flere menneskers 'mentale briller'. Kun den spirituelle *fornemmelse* er 'ren' og ifølge sagens natur også individuel.

De 'mentale briller' yder ganske vist ofte så stor indflydelse, at man glemmer eller overhører den spirituelle fornemmelse til fordel for en ydre stemme. Man kommer til at identificere sig med sine 'mentale briller' og bilder sig selv ind, at livet udelukkende handler om de ting, som disse fokuserer på og definerer som de 'rigtige'.

Ikke desto mindre fornemmes det indefra kommende, og specielt i forbindelse med kriser i form af sygdom, død, skilsmisse, arbejdsløshed eller lignende, får denne fornemmelse mulighed for at træde i karakter: man rystes og bliver fortvivlet, men tilbydes samtidig chancen for at omstrukturere sine 'mentale briller' i voksende uafhængighed af tidligere succeskriterier, således at de ting, der har værdi i sig selv træder i forgrunden som basis for et *selvværd.* Og det er lige præcis i denne forbindelse, golf kommer ind. Lad os kigge mere på denne påstand.

Hvis livet stod stille, kunne de 'mentale briller' udgøre et udmærket værktøj i flere generationer. Det har de også gjort tidligere, hvor samfundsændringer er foregået i et relativt langsomt tempo inden for et begrænset område. Men i dag går alting hurtigt og berører det meste af verden: TV og internet bombarderer os med informationer døgnet rundt.

Alle kulturer stilles over for udfordringer, som bestemt ikke er lette at tackle. Flere og flere bliver berørt af den udvikling, som benævnes *globalisering,* og som bevirker, at der stilles krav om kompetencer, der ikke kun har at gøre med bestemte færdigheder, men som i langt højere grad end tidligere kræver ændringer af identitetsmæssig karakter.

Sociologen Anthony Giddens har sat følgende ord på den vanskelige proces, som finder sted. Han siger således, at det moderne menneske går

Fra:	Til:
At lære sociale regler	At udvikle selv-identitet
At udvikle tillid til autoriteter	At udvikle refleksivitet og selvtillid
At leve i traditioner med kvalifikationer	At udvikle individuelle kompetencer
At lære basale sociale færdigheder og regler	At have basal tillid og ontologisk sikkerhed[1]

Som det vil ses, foregår der et skred i det eksisterende menneskesyn: fra at være en person, som blot skal have et par 'mentale briller' på, dvs. skal uddannes til at indordne sig de forhold, som autoriteter og traditioner bestemmer, skal vedkommende nu i langt højere grad tænke selv (lytte indad) og udvikle *selvtillid* ud fra egne kriterier om, hvad der har værdi, hvilket jo også indebærer en langt tydeligere fornemmelse af *selvværd*.

Hvor jeg i min forklaring om, hvorledes de 'mentale briller' opstår, beskriver en *ydrestyret* proces, der bl.a. ensretter folk ved hjælp af sprog og sociale normer, kan man af Giddens overvejelser se, at den fremtidige udvikling efter hans opfattelse går i retning af, at folk vil blive mere *indrestyret og individualistiske.*

37

---

[1] Dvs.: *at have en grundlæggende tillid til livet og føle sig tryg ved at være til.* Ordet *ontologi* er et filosofisk udtryk for 'de særegne og nødvendige træk ved det værende', jf. Politikens Filosofileksikon.

At der foregår en sådan proces, er ikke noget, ret mange går og tænker over i hverdagen. I stedet bliver de stressede og frustrerede, - ikke nødvendigvis fordi de arbejder hårdere end tidligere, men fordi de påbydes at forholde sig til det stigende antal indtryk og har svært ved at sortere i dem: Folk er vant til at se verden gennem de 'mentale briller', som de lærte at bruge i barndommen, og som væsentligst er formet på baggrund af ydre indtryk og samfundsskabte påbud. De er vant til at lytte til autoriteter og rette sig efter dem; men sådan vil det ikke være fremover. I stedet må den enkelte i langt højere grad søge indad til de rødder, som rækker dybt ned i undergrunden og sørger for, at man kan holde balancen uanset, at diverse storme raser på overfladen.

Så er det, den opmærksomme læser vil stille det påtrængende spørgsmål: "Hvordan gør jeg det? Og hvordan kommer mit golfspil ind her?" Ja, hvor vi under afsnittet om den mentale side af golfen gjorde meget for at overvinde de hurdler, som forhindrer os i at blive bedre til at spille golf, så skal vi faktisk til at gå den modsatte vej:

Vi skal lære at blive gode til at spille dårlig golf!

Lyder det paradoksalt? Hvorfor skal vi det?

Det enkle, men også ret overfladiske svar, er, at det er nødvendigt, fordi en ren og skær stræben efter at blive bedre til golf afskærer os fra at give slip på de 'mentale briller', der fokuserer udad, hvor vi sammenligner os med andre, konkurrerer med andre og dermed forsøger at holde fast i den identifikation med det gamle selvbillede, som vi altså ikke længere kan nøjes med.

Det dybere, men også mindre konkrete svar, er, at de 'mentale briller' hindrer os i at fokusere indad for at (gen)etablere forholdet til vores spirituelle side. Det er således fænomenet *selvværd* og den indre realitet, som dette er funderet i, jeg hentyder til.

Selvværd

Som vi har set tidligere, lader vi os narre af sproget, der jo udgør en væsentlig faktor i dannelsen af vores 'mentale briller'. Det spiller os ofte et puds, ja det ligefrem forvrænger vores forestilling om, hvordan vi kan styre vores handlinger.

Da jeg begyndte at overveje at skrive denne bog, var der et par ytringer, jeg er stødt på inden for de senere år, der har brændt sig fast i min hukommelse, og som kan være gode eksempler på, hvorledes man gennem nogle leveregler gør det svært for sig selv at dykke ned for at etablere kontakt til et ægte selvværd. Den ene sætning lyder:

Egen succes er dejlig, men andres fiasko er heller ikke at foragte!

Denne udtalelse kan, hvis den betragtes fra en humoristisk vinkel, være god at have i baghånden til lidt venskabeligt drilleri. Ja, så kan jeg sagtens grine ad den; men den kan også have uhyggelige konsekvenser, hvis den viser sig at indgå i den måde, en person rent faktisk gebærder sig på golfbanen for ikke at tale om andre steder i vedkommendes liv.

Der vil højst sandsynligt ikke være tale om det, man betragter som en sympatisk person, men det værste er dog, at vedkommende vil have en tendens til konstant at vurdere sig selv i forhold til andres resultater, - og dermed får svært at slippe de 'mentale briller'.

Noget tilsvarende gør sig gældende for dem, der lever efter devisen i den anden sætning, jeg vil nævne, nemlig:

Det er kun snyd, når de andre opdager det ...

Et sådant motto gør det lysende klart, at vedkommende kun regner andres bedømmelse af en sag for væsentlig, - og altså fuldstændig negligerer sin egen afgørelse som værdifuld.

Behovet for ydre bekræftelse, der kommer til udtryk i behovet for at vinde uanset prisen, synes skræmmende. Ikke mindst fordi vedkommende herved afslører en lav selvværdsfølelse.

Som det fremgår ovenfor, kan der være forskellige indikationer på, at en person lider af manglende selvværd. Dette har intet at gøre med, hvor golfhandicappet ligger på skalaen. Men det har at gøre med den pointe, jeg fremførte tidligere:

Vi skal lære at blive gode til at spille dårlig golf!

At have succes som golfspiller er nemlig ikke vejen frem til selvværd. Det er derimod tacklingen af de fiaskoer, man oplever som golfspiller, for det er i disse situationer, man viser, om man hænger fast i sin hang til at identificere sig med sine evner og færdigheder.

For at uddybe nærmere, hvad jeg mener, vil jeg overlade ordet til Oriah Mountain Dreamer, som i sin bog *Indbydelsen*[2] på meget fornem vis udtrykker mine tanker. Hun siger bl.a.:

Det interesserer mig ikke, hvor du bor, eller hvor mange penge du har.
Jeg ønsker at vide, om du kan stå op efter en nats sorg og fortvivlelse, træt og forslået helt ind i marven, og gøre det nødvendige for at sørge for børnene.

Det interesserer mig ikke, hvor eller hvad eller med hvem du har studeret.
Jeg ønsker at vide, hvad i dit indre, der holder dig oppe, når alt andet falder bort.
Jeg ønsker at vide, om du kan være alene med dig selv, og om du i sandhed bryder dig om dit eget selskab i de tomme øjeblikke.

Som det måske bemærkes, bryder Oriah Mountain Dreamer med de forestillinger om, hvad de fleste har lært at betragte som betydningsfuldt og vigtigt her i livet, men som mange også har erfaret ikke er i stand til at give fylde og mening i tilværelsen.

Lad os starte med at omskrive det første af Oriah Mountain Dreamers udsagn til 'golfsprog':

Det interesserer mig ikke, hvor du bor, eller hvor mange penge du har.
Jeg ønsker at vide, om du kan komme ind i klubhuset efter en fortvivlende indsats på golfbanen, træt og rystet helt ind i marven, og glæde dig over dine medspilleres succes.

41

---

[2] Borgen, 2000

Husker du den mest enerverende, for ikke at sige fortvivlende golfrunde, du har gået? Jeg har ikke blot haft en. Jeg har haft adskillige. Jeg har kæmpet med gråden og min egen uduelighed, når hele min familie og alle mine venner er gået ned i handicap, og kun jeg er blevet tilbage som højhandicappet Jeg har ligget søvnløs for at granske mine reaktioner, for jeg plejer normalt at kunne klare meget, - og det her er jo bare et spil!

Jeg har iagttaget andre og oplevet reaktioner, som kunne ligne mine. Og alligevel er jeg fortsat med at spille golf, ligesom de fleste andre, jeg er stødt på. Hvorfor? Ja, for at besvare dette spørgsmål, kan vi passende omskrive Oriah Mountain Dreamers næste udsagn til 'golfsprog':

Det interesserer mig ikke hvor eller med hvem du har spillet golf.
Jeg ønsker at vide, hvad i dit indre der holder dig oppe, når dit golfspil falder sammen.
Jeg ønsker at vide, om du kan være alene med dig selv, og om du bryder dig om dit eget selskab i de tomme øjeblikke.

Da jeg for første gang i mit voksne liv havde kastet mig ud i en sport, som jeg fandt både spændende og sjov, oplevede jeg fiasko. Ikke fordi jeg var decideret umulig til golf, men fordi de andre altså var bedre. Det sårede min stolthed.

Jeg husker dog tydeligt den nat, hvor 'åbenbaringen' fandt sted. Den nat, hvor jeg efter at have vendt og drejet mig i min seng i flere søvnløse timer langt om længe erkendte, at mine store frustrationer skyldtes, at jeg i alt for høj grad havde koblet min selvværdsfølelse sammen med min selvtillid, hvilket der egentlig ikke er noget underligt i, for det var jeg jo opdraget til.

Løsningen for mig var at sige: "OK, de andre er altså hurtigere til at lære at spille golf end mig. Hvad så? Jeg lærer det vel med tiden". Og så begyndte jeg at kunne slappe af over for min manglende formåen.

Jeg begyndte at glæde mig over et godt slag - både egne og andres -, og jeg udviklede en form for 'gennemsigtighed' over for mine åbenlyse fiaskoer. I stedet målte jeg min succes efter, hvordan jeg havde det i maven efter en dårlig runde.

Den første store sejr var at komme i klubhuset efter en halvdårlig runde med tre machoer, der totalt negligerede mig. Tidligere ville jeg have følt mig skidt tilpas at blive overset, ligesom jeg ville have været nedbrudt over at spille elendigt. Men ikke denne gang: Min mave havde det fint! Jeg var 'bare' mig og dermed uafhængig af både medspillere og det middelmådige scorekort!

Dette betyder ikke, at jeg er ligeglad med succes på golfbanen, - jeg er bare langt mere uafhængig af den og kan sagtens glæde mig over andet end det målbare resultat. Det har været et stort skridt fremad, fordi denne indstilling øger min glæde ved golfspillet og gør det muligt at nyde alle de andre oplevelser, som golf også byder på.

Kort sagt er mit syn på golf blevet mere nuanceret, hvilket har påvirket mine 'mentale briller', der som tidligere omtalt har en tendens til at forvrænge vores tilgang til virkeligheden. Det kan volde problemer nok i sig selv, men endnu værre er det, at disse 'briller' også er udstyret med skyklapper, som gør det ikke bare svært, men undertiden komplet umuligt at se visse dele af virkeligheden: vi bevæger os ind på områder, som er tabu.

Om tabu og 'mentale briller'

Hvad det er, man ikke må mene eller bare tænke på, har vekslet gennem tiderne og varierer fra kultur til kultur. I vores verdensdel har det i mange år været tabu at gifte sig på tværs af social status og hudfarve. Nu kan endog to af samme køn blive gift. Hos os i Danmark har det været tabu at tale om livets åndelige side, og hvad vi tror på. Nu viser det sig, at der blandt mange er et inderligt ønske om at inddrage en spirituel dimension i deres liv.

Den hindring, som man støder på i den forbindelse, er, at de 'mentale briller' gør det svært for dem i at få kontakt til en spirituel side, som *ikke* er religiøs. Og her er det, at golf kommer ind som en ægte læremester, - en sådan fortæller nemlig ikke, *hvad* du skal tænke, tro og mene, men lærer dig, *hvordan* du finder ind til de personlige dybder, som kan hjælpe dig til at navigere sikkert gennem fremtidens kaotiske informationsstrømme.

For at det kan ske, er du nødt til for en stund at give slip på dine 'mentale briller' og tillade dig selv at blive som barn på ny.

I bogen *Golf i troldmandens rige*[3] udtrykker Michael Murphy processen således:

"Golf er en metode til at klæde et menneske fuldkommen af … på intet tidspunkt er et menneske mere nøgent, end når det står foran en dygtig golfspiller".

---

[3] Lindhardt og Ringhof, 1997

Selv mener jeg, sætningen bør ende således: *"på intet tidspunkt er et menneske mere nøgent, end når det står med en golfkølle i hånden!"* For en golfkølle viser mere om et menneske, end nogen form for tøj kan dække. Og i tidens ånd drejer det sig ikke så meget om at afsløre sider af sig selv over for andre, men *over for sig selv*

En golfkølle er verden mest neutrale læremester: den har ingen 'mentale briller'. Den forsøger ikke at pådutte nogen en bestemt mening om dette og hint. Den overlader tolkningen af, hvad der sker på golfbanen til den enkelte. Med golfkøllen i hånden kan vi derfor – bevidst eller ubevidst – udviske de skel, som de 'mentale briller' fastlåser både vores verdensbillede og vores selvbillede i. Golf klæder os af, så vi får chancen for at se på os selv med friske øjne. I golf kommer vi til at afsløre sider af personligheden, som vi helst ikke vil vide af. Det lyder ikke særlig behageligt, og er det sandelig heller ikke. Men at bilde sig selv ind, at livet kun må være behageligt, vil svare til at forveksle kærlighed med sentimentalitet!

Næh, at leve et ægte liv indebærer, at man integrerer alle facetter af det at være menneske. Det vil i første omgang betyde, at man bliver sårbar, fordi man blotter sig for omverdenen: alle ens skyggesider og sorte pletter dukker op. Kunsten bliver at erkende dem, at anerkende dem og til sidst omfavne dem i forståelse og kærlighed som børn, der er løbet hjemmefra og nu vender hjem igen.

Som golfspiller udsætter man sig for diverse prøvelser, der udfordrer de 'mentale briller'. Det kan være hårdt, for der er mange kameler at sluge, men gevinsten er et ægte selvværd, som tåler både succes og fiasko, og som bidrager til at give livet mening.

Værktøjer til højnelse af selvværd

Det er ikke så let at sætte ord på de værktøjer, man kan bruge for at højne sit selvværd, men lad mig alligevel prøve med et par forholdsvis konkrete forslag:

- Lær at skelne mellem selvtillid og selvværd, - mellem religion og spiritualitet, idet du erkender, at spiritualitet er en naturlig indadsøgende proces, der er helt uafhængig af 'mentale briller'.
- Øv dig i at gøre noget, der fornemmes godt for dig, men som du plejer at gøre anderledes, fordi 'de andre også gør det'. Dvs. bliv bevidst om vaner, du egentlig ikke bryder dig om, men har haft af bekvemmelighed. Gør en indsats for at bryde dem.
- Øv dig i at have en god fornemmelse med at være dårlig til noget. Vær ikke nervøs for at indrømme manglende formåen på et område. Ingen kan være god til alt. Gør gerne lidt grin med dig selv og dine færdigheder.
- Øv dig i at blive 'hængende' i de frustrationer, som golf uvægerligt vil byde dig på. Når du spiller sammen med nogen, du kender godt, skal du give dig selv lov til at være træt af det hele og udtrykke det højt (efter aftale med dine medspillere). Samtidig hjælper du dem til at tåle, at andre har frustrationer og blive i stand til at forholde sig neutralt hertil. Læg mærke til, hvordan frustrationerne efterhånden kan slippe grebet i dig efter kortere og kortere tid.
- Vær glad, når det går andre godt. På et dybere plan er vi mennesker alle i samme båd, - og andres fremskridt er også dit fremskridt.

Golfens mystiske side

Golfens mystiske side

Forståelsen af min personlige udvikling, hvad angår det at kunne skelne mellem selvtillid og selvværd, har været en væsentlig årsag til, at jeg stadig spiller golf; og for mig var der tale om et kæmpeskridt i forsøget på at løse golfens mysterium.

Men selv om der nu er lagt en række argumenter på bordet, kan man som vores gode Hercule Poirot spørge sig selv, om bevisførelsen er tilstrækkelig: drejer sagen sig blot om at bearbejde sit sind til at imødekomme nogle samfundsmæssige forandringer? Eller er der måske stadig en enkelt læser eller to, som ikke føler sig overbevist?

Den væsentligste årsag til, at jeg ønsker at gå videre er ikke særlig rationel. Jeg synes simpelthen bare, at løsningen burde være noget mere spændende, hvis den skal kunne rumme golfens mysterium!

Golf formår at pirre min nysgerrighed på en måde, som jeg ikke får svar på her. Der er mere saft og kraft, mere dramatik, ja hvorfor ikke sige mere *mystik* i golf!

Så derfor drives jeg videre til tanker og ideer, som sjældent udtrykkes i det moderne og forjagede samfund, jeg lever i.

Vi er nået til det sted, hvor vi skal kigge på området mellem himmel og jord!

Mellem himmel og jord

Jeg har tænkt på det mange gange i de senere år, - uden at turde sige det højt:

Golf formår at forbinde himmel og jord!

Puha … nu fik jeg det sagt. Så vil læseren måske undre sig over, hvad jeg mener med dette udsagn. Som i de fleste andre tilfælde lader sagen sig bedst belyse gennem et eksempel, og jeg vil nu fortælle en mærkelig oplevelse, jeg havde for et par år siden:

Jeg drømte en nat, at jeg gik en aftentur, hvor jeg lod mig betage af de mange stjerner på himlen. Det er ikke fordi jeg er særlig astronomikyndig, men jeg har siden barndommen kendt Karlsvognen, som også denne aften fremstod særdeles klart blandt så mange andre stjerne-billeder.

Medens jeg i min drøm stod og nød det smukke syn, skete der det, at en af stjernerne i Karlsvognen eksploderede og sendte et par lysende 'kugler' ud i himmelrummet.

Det var både smukt og skræmmende, så jeg vågnede med et sæt og opdagede, at jeg bare lå i min seng.

Næste formiddag skulle jeg ud og spille golf med et par herrer i min hjemmeklub. Det var en lidt kold og overskyet efterårsdag, men det var trods alt tørt, og vi glædede os alle til turen.

Så vidt jeg husker, var spillet rimeligt og uden nogen særlig bemærkelsesværdige hændelser, før vi kom til hul 5, der er et langt par 5 hul, som strækker sig ud i en flad eng med diverse vandhazarder.

Efter at d'herrer har slået ud fra gul tee, går jeg hen til det røde teested, som heldigvis ligger noget længere fremme. Det er kun derfor, jeg har en chance for at drive dem ud.

Mit slag lykkes forholdsvis godt, og bolden går fint mod fairway, hvor den rammer den ene medspillers bold, så begge bolde flyver op i luften og lander et stykke fra det sted, hvor de ellers ville have ligget. Vi kigger lidt på hinanden og taler om, at det dog er utroligt, at det kan lade sig gøre at ramme en andens bold på den afstand. Det var selvfølgelig lidt pudsigt, og vi drager videre på vores golftur.

Senere da vi kommer til hul 15, som også er et par 5 hul, der dog ligger i et mere bakket terræn, sker der imidlertid noget igen. Vi driver alle ud, men efter at begge d'herrer har slået deres andetslag, lykkes det mig endnu engang på ca. 100 meters afstand at ramme en medspillers bold på fairway. Atter flyver begge bolde højt op i luften og lander et stykke fra det sted, hvor de ellers ville have ligget.

På dette tidspunkt begynder vi at måbe. En ting er at ramme en modspillers bold på fairway en enkelt gang på en runde, noget andet er at gøre det to gange på samme runde! Jeg selv har i hvert fald aldrig oplevet det hverken før eller siden.

Og så var det, jeg kom til at tænke på min drøm: stjerne-eksplosionen lignede nemlig meget det, der skete, da de to golfbolde stødte sammen. At det kunne ske én gang, ville jeg meget let lægge hen i bunken af tilfældigheder. At det skete to gange på samme runde har bekræftet mig i, at der må være en vis rimelighed i mine antagelser.

Når jeg hævder, at golf formår at forbinde himlen med jorden, ja så føler jeg mig efterhånden mere og mere overbevist om det uden dog at kunne komme med en forklaring på, hvad jeg mener. Det er nemlig ret mystisk, men netop derfor også temmelig spændende. Så lad mig gøre et forsøg:

De fleste vil sikkert give mig ret i, at det er en stor oplevelse at udføre det sublime slag. Hermed mener jeg et slag, hvor krop, sind og ånd går op i en højere enhed og det bliver muligt at opnå det, der inden for visse dele af psykologien kaldes en 'højdepunktsoplevelse'.

Her er tale om en form for bevidsthedstilstand, som frigør sindet fra de 'mentale briller' og vækker en følelse til live af at være meget mere, ja langt større, end man troede: Golfkøllen bliver ens forlængede arm og golf-bolden tegner en linie i luften, som bekræfter fornem-melsen af frihed og lykke. Hvor bolden måtte lægge sig til rette er i denne sammenhæng af mindre betydning!

Det er ikke en tilstand, man kan *ville*. Tværtimod øde-lægger viljen ofte muligheden! Jeg kender folk, der gen-nem mange år har været virkelig dygtige til andre former for sport, og som har regnet med at kunne spille golf på samme facon.

De er blevet klogere.

Golf og Tao

Golf lader sig ikke trumfe igennem. Golf kræver en nærmest uhyggelig harmoni mellem krop og sind, - uanset hvor teknisk dygtig en spiller, man er. Golf kræver både ydmyghed og respekt over for selv det tilsyneladende lette putt. På den anden side er en vis portion fandenivoldskhed heller ikke at foragte, når man står over for en forhindring, der rationelt set ikke burde kunne overvindes.

Nogle dage er man i stand til at 'gå på vandet'. Andre dage plumper man i konstant.

Inden for den kinesiske åndstradition Taoismen taler man om at stille sig i harmoni med livets strøm *Tao,* og når dette sker, løftes man som på en bølge uden besvær gennem livets udfordringer. Alt hvad der fordres er, at man holder balancen mellem krop, sind og ånd. I vores samfund en næsten umulig opgave, som man altså får en chance for at øve sig i på golfbanen.

Hvordan kan man forstå dette? Jeg selv forestiller mig det på den måde, at jeg både er et selvstændigt individ, man fx kan identificere ved navn og udseende, der er *forskellig fra* alle andre mennesker, samtidig med at jeg på et andet niveau indgår i en menneskehed, som er *ens for* alle mennesker, og hvor igennem vi mennesker er forbundet i nogle fælles grundvilkår.

Menneskets evne til at være et *både-og* er for mig det samme som at kunne forbinde himmel og jord. Vi er altså *både* fysiske *og* spirituelle væsener på én og samme tid.

Det vil sige, at både det fysisk/mentale niveau, hvor man adskiller sig fra andre, og det spirituelle niveau, hvor man deler skæbnefællesskab med andre, skal indgå i overvejelserne, når man forsøger at forstå sig selv som en golfspiller, der ikke blot ønsker at blive bedre til golf, men også til at leve sit liv fuldt ud.

For mig er det en helt naturlig måde at opfatte virkeligheden på, hvilket har at gøre med de 'mentale briller', som jeg bærer rundt på.

I modsætning hertil vil de fleste her i landet sandsynligvis kun betragte sig selv som fysiske væsener med et sind, der opfatter virkeligheden gennem de fem sanser. De almindelige danske 'mentale briller' gør det til et tabu at opfatte sig selv som et spirituelt væsen.

Ikke desto mindre er jeg også sikker på, at de fleste har oplevet, at selv om man kan nå langt ved at spille golf på sin viljestyrke, så er det ikke den alene, der betyder noget, når spillet i sandhed lykkes. Som jeg ser det, henviser Tao til den tilstand, som opstår, når den fysiske eksistens stiller sig i harmoni med den spirituelle side, - sagt med andre ord bliver det muligt at gå på vandet, når den mentale og den spirituelle side forenes og vil samme vej.

Vi bliver derfor nødt til for en stund at anerkende mennesket som et spirituelt væsen, hvis vi vil dykke ned i golfens dybere lag.

Det er både mystisk og udfordrende.

Lad os begynde med at kigge lidt nærmere på golfspillets symbolske sider.

Golfspillets symbolske sider

For en del år siden havde jeg en oplevelse, som påvirkede mig dybt, uden at jeg helt vidste, hvad der skete.

Det var en meget tidlig morgen, hvor jeg i en ikke helt vågen tilstand pludselig 'forsvandt' ind i en dimension af påvirkninger, som trængte igennem både krop og sind, og gjorde mig nærmest handlingslammet i mange timer derefter. Jeg har bedst kunnet beskrive oplevelsen som et møde med et univers af geometriske figurer, der måske hører til et dybere lag i eksistensen.

Uanset hvad, bevirkede oplevelsen, at jeg ikke længere opfatter symboler, hvad enten de har geometrisk eller anden karakter, som abstraktioner, men som reelt eksisterende 'levende' enheder, der blot tilhører et andet bevidsthedsniveau. Samtidig fandt jeg også ud af, i hvilken grad det menneskelige sind påvirkes af disse symboler, som dog normalt transformeres af de fem kendte sanser, inden de får lov til at trænge ind i menneskets sind.

Grunden til, at jeg nævner denne oplevelse, er, at jeg på et tidspunkt begyndte at reflektere over, hvad de forskellige golfredskaber symboliserer på et andet bevidstheds-plan, for måske herigennem at forfølge et spor til løsning af golfens mysterium.

Der er dukket flere ting frem, som jeg på egen krop har erfaret betyder noget for mig, og som jeg her vil bringe videre for dem, der måtte dele min interesse for mystik.

Golfkøllens symbolik

Golfkøllen er det redskab, der gør det muligt at sende en bold betydelig længere af sted, end hvis blot hænderne var blevet brugt. Det vil sige, at mennesket hermed opnår en betydelig større rækkevidde, end det ellers ville have haft.

Samtidig kræver golfkøllen langt mere præcision af sin spiller, end hvis vedkommende blot havde kunnet bruge hænderne: blot en minimal afvigelse fra det ideale, når bolden rammes af køllen, kan forårsage store udsving fra det sted, hvor man ønsker, bolden skal falde ned på jorden.

Den lange rækkevidde stiller således krav om stor præcision i kølleføringen.

Hertil kommer, at der jo ikke blot spilles med én enkelt form for golfkølle, tværtimod er der mange typer lige fra putteren til driveren. Hver enkelt kølle stiller sine specielle krav til golfspilleren, som ikke blot skal kunne håndtere disse forskelligheder, men også være i stand til at bedømme, hvornår den ene skal bruges frem for en anden.

Der stilles altså store krav om fleksibilitet i både fysisk og mental forstand.

Den umiddelbare konklusion er, at golfkøllen kan anses som et symbol for den *aktive* del af golfspillet, dvs. den del, der giver spilleren mulighed for at handle og sætte gang i boldens bevægelse.

Disse overvejelser er ret enkle at forholde sig til. Sværere bliver det sikkert, når vi begynder at bevæge os ind på det mere abstrakte plan, hvor køllen jo tydeligvis henter sin form fra *den rette linie.*

Vi er ganske fortrolige med rette linier i vores hverdag. Vi omgives af dem i den fysiske verden, og rent mentalt er vores vestlige livsindstilling i væsentlig grad præget af en tidsforståelse, som følger en linie.

Den spændende historie, som den rette linie kan berette, kommer vist tydeligst frem, når man sætter den i spil med en *cirkel.* Derfor haster vi skyndsomst videre med at undersøge golfboldens symbolik nærmere.

Golfboldens symbolik

Hvis jeg skal være helt nøgtern, så er der jo bare tale om en bold. Ganske vist en bold, der skal overholde bestemte kriterier, for at kunne blive godkendt som en *golfbold.*

Men når det er sagt, så ved vi jo også alle, at netop denne bold er i stand til at give os store oplevelser spændende fra de dybeste frustrationer over vrede til nærmest ekstatisk lykkefølelse af at være mere levende og i live end på noget andet tidspunkt.

Hvordan kan det være?

Ja, ud over det helt konkrete som at det er pragtfuldt at se bolden flyve i luften eller trille hen over greenen i hul, så ved jeg det ikke. I hvert fald kan jeg ikke præstere en rationel forklaring, som de fleste kan godtage. Jeg kan kun forsøge at fortolke boldens symbolik, - og for mig dermed også boldens dybere indvirkning på det menneskelige sind (hvad enten man er sig det bevidst eller ej).

Jeg er ikke helt klar over hvor, men et sted har jeg læst, at cirklen symboliserer helhed. Og det kan man måske forstå på den måde, at cirklen hverken har en begyndelse eller en ende, ligesom den i princippet aldrig forandrer sig, hvad selve strukturen angår. Der er altså noget *helt* og fuldendt over cirklen.

Hvad så med en kugle, som en golfbold jo også kan beskrives som?

Ja, uden at have studeret emnet nærmere i litteratur om symbolik, så er kuglen for mig en *rumlig cirkel* eller sagt på en anden måde, - et uendeligt antal cirkler som tilsammen og forskudt i forhold til hinanden danner en kugle, som dermed kommer til at udgøre et *rum*.

Og hvor er det så lige, at golfbolden kommer ind? I masser af sportsgrene spilles der med en eller anden form for kugle: tennis, fodbold, håndbold, basketball og altså også golf. Golf er nok lidt speciel, forstået på den måde, at hver enkelt spiller i de fleste tilfælde har sin egen bold, som vedkommende har ansvaret for. Mange spillere opelsker et personligt forhold til en bestemt boldtype.

Der er et eller andet ved den bold...

Hvis du ønsker at få et indblik i, hvilken indflydelse golfbolden har på dig på et dybere plan, kan du prøve nedenstående meditation:

Find et roligt sted. Sørg for, at du ikke bliver forstyrret af telefoner eller lignende.

Golfboldens meditation:

Sæt dig godt til rette i en god stol. Lad begge fodsåler hvile mod gulvet. Læg hænderne i skødet med håndfladerne opad.

Træk vejret langsomt og dybt. Mærk dine fødder mod gulvet. Mærk dine hænder i skødet.

Luk øjnene.

Mærk dine knæ. Mærk dine lår. Mærk din bagdel mod stolesædet.

Mærk din ryg og dine skuldre. Mærk din hals og dit hoved.

Mærk toppen af hovedet.

Mærk hele kroppen på en gang.

Nu retter du din opmærksomhed mod din ene hånd og du begynder at lægge mærke til, at du holder en golfbold i hånden.

Du mærker golfboldens vægt i din hånd, og du begynder at fornemme, at overfladen på bolden har en vis struktur, som du kan mærke, når du fører tommelfingeren hen over bolden.

Måske kigger du på bolden og opdager, at der er et mærke på den. Det kan være et mærke, du selv har lavet, eller det kan være et, som andre har lavet.

Ret hele din opmærksomhed mod golfbolden, som nu begynder at kommunikere med dig på et symbolsk plan.

Du lægger mærke til, hvordan denne ordløse kommunikation påvirker din krop og dit sind, fordi golfbolden afslører en hemmelighed, som længe har været skjult.

Men nu kommer alt frem i lyset, og du bliver indviet i en hemmelighed, som du måske ikke forstår på et konkret plan, men som du kan mærke, berører dig dybt og inderligt.

Langsomt og roligt og lader du den inderlige følelse trænge dybt, dybt ind i dit sind, hvor den skaber ro og glæde og forplanter sig som en varme i hele din krop.

Når du synes, at du er parat til det, begynder du atter at mærke hele din krop. Du mærker dine fødder mod gulvet og dine hænder i skødet.

Du trækker vejret dybt og roligt, og begynder at røre på dig. Du strækker din krop, medens du i det tempo der passer dig vender langsomt tilbage til rummet og åbner dine øjne og ser dig omkring.

Når du er kommet godt ud af meditationen, kan du reflektere over golfboldens indvirkning på dig. Blev du berørt? Var der 'forbindelse'? Eller kunne du blot nyde at være alene med dig selv for en stund?

Hvis du ikke mærkede nogen påvirkning, kan det skyldes, at du har brug for at øve dig noget mere. Uanset om det er muligt for dig at kommunikere med golfbolden eller ej, vil det være sundt for dig med jævne mellemrum at sidde stille i en rolig sindstilstand.

Når man betænker, hvor stærk påvirkning golf udøver på millioner af mennesker verden over, synes der en vis rimelighed i at antage, at golfboldens indflydelse rækker langt ud over spillerens ønske om at ramme den, så den kommer i hul.

Det er ikke let at komme mysteriets kerne nærmere med en almindelig rationel tænkning. Der må andre midler til, og jeg har valgt at kigge på sagen gennem den kinesiske åndstradition, taoismen, som jeg har omtalt tidligere.

Yin/Yang i golf

Mange kender det kinesiske symbol for *yin* og *yang*, og jeg vil bruge det som udgangspunkt for at komme videre i min undersøgelse af golfspillets mysterium.

Yin /Yang-symbolet

Efter min opfattelse beskrives de dybere lag i eksistensen nemlig fint ved hjælp af de taoistiske principper *yin* og *yang,* der henviser til hhv. de feminine og de maskuline sider af tilværelsen.

De feminine, der er det sorte område i *yin/yang*-symbolet, bliver normalt betegnet ved hjælp af adjektiver som passiv og svag, medens de maskuline, som er det hvide område, beskrives som aktiv og stærk.

I parentes bemærket er det vist let at se, hvilken side, der gennem tiderne er tillagt størst betydning i vores del af verden!

Men hvad sker der, når man for en stund glemmer de betegnelser for menneskelige egenskaber, som er hæftet på *yin* og *yang* for at gøre dem forståelige for alle?

Ja, man kunne fx forestille sig *yin* som noget ukonkret (sort og dermed skjult i mørket) og *yang* som noget konkret (hvidt og dermed fremme i lyset), hvilket vi bl.a. får bekræftet ved, at det er selve cirklen, vi har fokus på og ikke dens baggrund.

Går vi lidt videre i dette tankeeksperiment, så består en *kugle* af et uendeligt stort antal cirkler, som afgrænser et rum, hvis man da ikke vender sagen på hovedet og siger, at rummet danner cirklerne ved at lade dem afgrænse sig.

Det korte af det lange er, at cirkel og rum er gensidigt afhængige af hinandens eksistens. *Yin* og *yang*, det feminine og det maskuline er gensidigt afhængige, men det er cirklen, det er *yang*, og det er det maskuline, vi lægger mærke til, - ikke den baggrund på hvilken den eksisterer.

Vores 'mentale briller' bortraderer forståelsen af, at vi mennesker, når alt kommer til alt, kun kan opfatte noget, der er *forskelligt fra noget andet*. Vi tror, vi bare uden videre ser cirklen, - vi tænker ikke over, at vi kun kan se den på baggrund af eller i forhold til noget andet.

Det betyder, at *yang* kun kan opfattes som *yang*, fordi der er *yin*. Det maskuline er kun maskulint sammenlignet med det feminine. Vi kan kun tale om noget aktivt og stærkt fordi der er noget passivt og svagt. Osv. osv.

Det lyder måske ikke, som om det er en kendsgerning, der kunne have den store effekt. Men heri tager vi fejl: det har en enorm betydning. For den fejltænkning, som vores 'mentale briller' hermed har påduttet os, forvrænger hele vores tænkemåde og får os til at tro, at *yang* kan eksistere i sig selv og 'glemmer' *yin*, hvilket med tiden har gjort det nærmest umuligt at tænke på noget passivt og svagt, altså de feminine attributter, uden hermed at opfatte dem som betydningsløse eller 'sølle'. Dvs. *yin* har ingen attråværdige kendetegn, hvorfor det eksisterende (vestlige) verdensbillede er blevet totalt forvrænget i sin overmodige *yang*-indstilling, medens 'partneren' er sendt ud på et sidespor.

Den store engelsk-amerikanske tænker, Gregory Bateson, har kaldt denne fejltænkning for *hybris,* og betegner diverse menneskelige tiltag, der er foregået i kølvandet på denne fejltænkning som katastrofale.

Rundt omkring i samfundet er der imidlertid en del tegn på, at udviklingen er ved at vende: det feminines værdi er begyndt at blive valideret, i hvert fald ses det, at kvinder i stigende omfang får indflydelse på, hvordan verden skal se ud.

Nu er kvinden og det feminine ikke to størrelser, man umiddelbart kan sætte lighedstegn imellem, - selv om det er det, der er sket op gennem historien. Hvad jeg ønsker her, er blot at gøre opmærksom på, at den fysiske kvinde eksisterer på et andet tilværelsesniveau end det feminine, men at man ved at se kvinden blive i højere grad valideret som menneske, kan formode, at der også sker forandringer på et dybere plan.

Om at tænke rumligt

Der er nok stadig langt til fuldt ud at forstå, hvad det feminine aspekt ved tilværelsen egentlig er for en størrelse. Selv har jeg fundet begrebet 'rum' bedst dækkende, når jeg skal forklare min forståelse til andre.

Et rum er nemlig både passivt og svagt forstået på den måde, at det giver efter og ikke svarer igen. Det feminine kan *rumme* diverse handlinger og genstande, altså både det aktive og stærke, som kendetegner det maskuline. Samtidig er det jo også det feminines fysiske manifestation, kvinden, der *rummer* fosteret indtil det fødes, og dermed gør det muligt for menneskeheden at reproducere.

Kærlighed kunne godt forstås med begrebet *rum,* for kærlighed i den ægte form drejer sig jo om at kunne rumme en anden uden at stille betingelser.

Ja, rummet er, når man tænker nærmere over det, en pudsig størrelse: Man kan afgrænse et rum, men man kan ikke *kontrollere* selve rummet, kun de genstande, der måtte befinde sig deri.

Vi kan fastsætte og derefter måle rummets grænser, men vi kan ikke rigtig fatte, hvad rummet *i sig selv er.* Hvor det maskuline måske bedst kan beskrives med begreber, som noget der handler og bringer udvikling i stand, er det feminine snarere det rum, som danner baggrund for handlingen og dermed gør det muligt for os at opfatte den.

Det er ikke let at gennemskue og måske heller ikke let at få en fornemmelse af rummet. Grunden til, at jeg gør så meget ud af det, er, at jeg for nogle år siden havde en mystisk oplevelse, som har åbnet mine øjne for problematikkens store betydning. Denne oplevelse vil jeg fortælle nedenfor:

"Jeg vågner en tidlig januar-morgen ved, at der lyder stemmer lige uden for huset. Det er bælgmørkt, og jeg synes det er mærkeligt, at der tilsyneladende er mennesker i haven lige uden for mit vindue, for jeg bor i et fredeligt villakvarter, hvor der normalt ikke er mange mennesker.

Der kommer flere og flere stemmer. Jeg synes, jeg bliver nødt til at stå op for at undersøge, hvad der sker. Samtidig rusker jeg min mand, som ligger og sover ved siden af mig. Jeg siger til ham, at vi må se efter hvad der sker.

Jeg står ud af sengen og går hen mod døren ud til haven.

Da jeg åbner døren, ser jeg, at der fuldstændig lyst udenfor. Der er blade på træerne, græsset er grønt. Jeg genkender min køkkenhave med tørrestativet. Der er æbletræet og der er lindetræet.

Tre kvinder klædt i hvide 'græsk-romerske' kjoler står midt i køkkenhaven. Kjolerne er helt enkle og falder smukt i bløde læg fra et bælte om taljen. Ned ad trappen til venstre for mig kommer en mand og en dreng på 6-8 år. De er begge klædt i samme slags tøj som kvinderne - men dragten går kun til midt på låret, hvor kvindernes går til anklerne.

Nu befinder jeg mig, så jeg kan se den terrasse, der ligger i forbindelse med vores stue. Huset er bygget ind i en skrænt, så denne terrasse er hævet så meget fra haven, at man kan gå inde under den. Der er der også mennesker. Nogle går på trappen, andre er på selve terrassen. Alt er så lattermildt. Folk ler og smiler. Solen skinner fra en skyfri himmel. Det dufter af grønt. Der er utrolig rart og venligt.

Jeg er forbløffet. Hvad laver alle de mennesker dog her? Jeg går hen til de tre kvinder i køkkenhaven. En af kvinderne kommer hen imod mig. Hendes ansigt er meget smukt. Det lange, mørke hår er sat op. Øjnene er milde og lidt vemodige. Hun er vist på min alder.

Jeg spørger hende, hvad de dog laver her i min have. Hun svarer, at de bare er her. Jeg fremstammer tøvende, at det må de da også gerne.

Min hjerne kører og kører... Hvad skal jeg dog spørge om? Jeg må kunne finde på noget at spørge om. Pludselig slår det ned i mig, at jeg nok er havnet i en anden tid. Så jeg spørger: "Hvilket år er det?" - og forventer så småt, at hun skal svare noget med år 3000 eller år 4000 - det er nok lidt ude i fremtiden, siger min logiske sans. Men hun svarer på en måde, som hverken er med ord eller lyd: 55555.

Det kommer fuldstændig bag på mig. Jeg bliver totalt forvirret. Min hjerne slår nærmest klik... Og så ligger jeg i min seng. Uden for er det bælgmørkt. Alt er stille og roligt. Min mand sover trygt og godt. Der er stadig nogle timer til, jeg skal op. Det var dog en underlig og dejlig oplevelse. Jeg falder i en drømmeløs søvn."

67

Da jeg ville fortælle min mand om oplevelsen næste dag, spøgte jeg lidt med, at alt det med UFO'er og liv på fremmede planeter slet ikke var, som folk gik og troede. For nu havde jeg været i år 55000, og det var faktisk lige her på jorden.

Da jeg skulle gentage årstallet højt, gik det op for mig, at kvinden ikke havde sagt tallet 55555 som femoghalv-tredstusindefemhundredeogfemoghalvtreds, - det var simpelthen alt for besværligt, og det virkede helt forkert at sige det på den måde. Det var derfor jeg blot havde sagt 55000 til min mand. Ej heller havde hun sagt fem fem fem fem fem, - heller ikke 5 i femte potens. For tal-let var ligesom let og ud i ét, - der var en slags sammen-hæng i det.

Jeg kan ikke forklare, hvordan det blev kommunikeret til mig. Måske var det nærmere, som om det drejede sig om fem 5-taller, der lå oveni hinanden og på en eller anden måde dannede nogle lag.

I de år, der gået efter oplevelsen, har jeg tænkt en del over det, der skete, og ved nærmere eftertanke er jeg nå-et til den erkendelse, at tallet ikke refererede til en lineær tid og dermed heller ikke betød, at der skulle være tale om år 55555 efter vore sædvanlige begreber. Næh, der var snarere tale om at referere til en sfære, som har fem dimensioner mod vores sædvanlige fire, der forstås som et tre-dimensionalt rum, hvori tiden er den fjerde para-meter.

Efterhånden som jeg har haft mulighed for at analysere min fornemmelse af tallet, er jeg kommet til den konklu-sion, at den bedste beskrivelse vil være at forstå det som havende *rumlig* karakter.

68

Dette kunne indebære, at der har været tale om en sfære, hvor man var i stand til at kommunikere på en måde, som *også* inkluderede den kommunikative brug af det feminine aspekt, - at sproget på mystisk vis kunne formidle en sammensmeltning mellem det maskuline og det feminine. Og det mest interessante er måske, at *jeg var i stand til at forstå det*. Jeg tilstår gerne, at det kun var i et glimt, men ikke desto mindre kunne jeg dagen efter skelne mellem mit eget forsøg på at gengive kommunikationen og den, jeg var i stand til at modtage.

Hermed ønsker jeg ikke at sige, at jeg skulle være et underkendt geni. Næh, jeg betragter snarere oplevelsen som et tegn på, at *mennesket* har nogle evner, som ligger underdrejet i øjeblikket, men som under de rette betingelser kan stimuleres og bruges.

Måske er det sådan, vi vil blive i stand til at tænke engang.

En løsning på golfens mysterium kunne derfor være, at en *golfbold* på et symbolsk plan repræsenterer den feminine, passive side af livet, som enhver golfspiller øver sig i at lære at forvalte bedst muligt *i samarbejde med* den maskuline, aktive side, som *golfkøllen* repræsenterer. Kun den, der har mod til at bruge både sin maskuline og sin feminine side, er derfor i stand til at slå det sublime slag, - og når det sker løftes sløret for den fremtidige tænkemåde, hvor der er balance mellem *yin* og *yang*, mellem himmel og jord, mellem feminin og maskulin.

Det er en lykkefølelse, som vækker en længsel efter noget fuldendt, der er højt hævet over livets daglige trængsler og problemer.

Mere om at tænke rumligt

For nogen vil det, jeg tidligere har sagt omkring rumlig tænkemåde måske lyde som en underlig gang sniksnak. Selv betragter jeg mine ord som en udfordring af golfspillerens 'mentale briller'. Og hvor utroligt det end lyder, er det faktisk muligt at finde teorier helt andre steder, der kan understøtte mine.

Reflekterer man nemlig lidt mere over sagen, bliver det egentlig ret indlysende, at vi ikke længere kan nøjes med at tænke i rette linier og billardkugler, som støder mod hinanden, sådan som den klassiske fysik har gjort det. I stedet dukker der eksperter op, der taler om kvantefysik og komplekse systemer, når vi skal forstå virkelighedens beskaffenhed! Og selv om vi overhovedet ingen forstand har på de dele, ser det ud til, at vi hver især bliver nødt til at udvikle en personlig sans for den rumlige tænkemåde, hvis vi skal bringe os selv sikkert gennem det 21. århundredes globaliseringsproces, som knytter alle dele af verden sammen i et hidtil uset omfang.

Måske min 5x5 oplevelse kan forstås således, at mennesket er i gang med at udvikle en evne til helhedstænkning, som kan omfatte både det enkelte individ og menneskeheden som race på én og samme tid, hvilket på et ydre plan tydeliggøres gennem dannelsen af store internationale institutioner, som samarbejder på tværs af landegrænserne: FN, WHO, Unesco osv. I min egen ungdom i 1960'erne opstod hele flowerpower bevægelsen, der bl.a. gennem musikken gjorde oprør mod den konventionelle tænkning og bragte mennesker sammen på tværs af traditionelle skel.

Her til kommer organisationer som Amnesty International, der arbejder for overholdelse af basale menneskerettigheder for ikke at tale om hele den økologiske bevægelse, der har gjort os opmærksom på vigtigheden af at arbejde sammen med naturen i stedet for at forsøge at betvinge den.

Den voldsomme udvikling har skabt røre i de fleste samfund, bl.a. fordi den med mediernes udbredelse har haft mulighed for at nå ud i selv de fjerneste egne af verden. Processen har gjort og gør stadig ondt mange steder, for ligegyldigt hvor man befinder sig på kloden, tvinges man til at klæde sig af, dvs. stå 'nøgen' uden de kulturelle gevandter, man normalt gemmer sig bag. Det er ikke bare hårdt, det skaber også fanatisme, fordi nogle mennesker forsøger at kæmpe imod den evolutionære fordring ved ikke blot at holde fast i det gamle 'tøj', men også forstørre betydningen af det, uanset hvilken karakter det måtte have.

Løsningen synes at være en personlig udvikling, som, modsat hvad mange tror, ikke tjener noget egoistisk mål, men naturligvis i første omgang kan se sådan ud, fordi en person for en stund slipper sit udadrettede fokus og begynder at interessere sig for sig selv og sine indre fornemmelser. Dette er imidlertid nødvendigt i en periode, fordi man herved får tid til og mulighed for at reflektere over, hvorvidt de 'mentale briller', man bærer rundt på, nu også er i overensstemmelse med de intuitioner, som fornemmes indeni, og som undertiden dukker op i ens drømme. Visse ting kan kræve terapeutisk bearbejdning, andre løser sig ved forståelse og erkendelse af sammenhænge, ligesom man på egen hånd kan forsøge sig med nogle af de mystiske råd nedenfor.

Mystiske råd til golferen

Tidligere i bogen er der givet nogle anvisninger på, hvordan man kan få mere ud af sit golfspil ved at arbejde med selvtillid og selvværd. Her følger endnu et par stykker, som sandsynligvis vil være mere 'mystiske', men som har til formål at skabe en øget samhørighedsfølelse med naturen og dens undere.

Omfavn et træ

Hvis du på en golfrunde føler, at du har svært ved at få fat i din indre styrke, så gå ind et af de steder, hvor folk – i mangel af et toilet – plejer at træde af på naturens vegne. Her er der buskads og træer. Her vil dine medspillere lade dig være i fred, - for de regner med, at du har brug for lidt privatliv. Det har du også, men ikke fordi du skal tisse. Næh, i stedet skal du udvælge dig et godt træ. Gerne ét med en solid stamme.

Du stiller dig tæt ved træet og lægger armene rundt omkring det. Lad hele din krop mærke træets kraft. Læg gerne det ene øre mod barken og lyt til træets lyde. Stå sådan lige så længe, du har behov for, medens du lægger mærke til træets totale accept af dig uanset dine bedrifter på golfbanen.

Træet er. Du er. Ingen bedømmer dig. Ingen dømmer dig.

Mærk træets ubetingede kærlighed til dig. Lad følelsen trænge dybt ind i dig. Træk vejret langsomt og roligt. Gå tilbage til dine medspillere, og lad følelsen af samhørighed med naturen komme til udtryk i dit spil.

Tak dit drikkevand

Vand bliver normalt betragtet som en død ting, der ganske vist indgår i menneskets fysiske krop med over 70 %, men alligevel ikke anses for at være levende.

Vands kemiske sammensætning varierer, hvilket man har vidst i mange år, men nu har videnskaben kunnet fastslå, at vandets *struktur* ændrer sig alt efter, hvordan man behandler det. Det ser således ud til, vandet er i stand til at respondere på en kommunikation med omverdenen.

Hvad man nu har opdaget er, at vand danner forskellige strukturer, afhængig af hvilken form musik, man spiller for det: Mozart giver smukke stjerner, medens Heavy Metal giver langt mere urolige strukturer. Ligeledes ser det ud som om vand reagerer på, hvorledes man taler til det, uanset om man siger ordene højt eller nøjes med at tænke dem. Så hvorfor ikke give det en chance på din næste golfrunde, hvor du naturligvis medbringer en flaske med frisk vand?

Når du fylder din flaske, kan du prøve at koncentrere dig om at takke vandet, fordi det vil give dig energi til at klare golfrunden. Prøv at forestille dig, at vandet er en god ven, som vil hjælpe og støtte dig, - hvilket du viser din taknemmelighed overfor ved at sende det nogle kærlige tanker. Medens dette foregår, du holder omsorgsfuldt om flasken og overfører din tillid til vandet deri.

Uanset hvad du måtte mene om forslaget, vil du sikkert kunne anerkende, at den ro, som kærlige tanker frembringer i din krop, vil kunne bidrage konstruktivt til din golfrunde.

Lyt til musik

Musik har en indflydelse på vores sind, som ikke er helt forstået endnu. Vi kan mærke, hvordan tonerne bevæger os, men vi ved ikke, hvad der egentlig sker. Selv har jeg en teori om, at musik er i stand til at stille os fri af vores 'mentale briller', så vi kan handle uden de begrænsninger og forvrængninger, vi ellers ville møde verden med.

Hermed bliver det også klart, at musik vil kunne påvirke vores golfspil ved at eliminere de barrierer, vi sætter op for os selv i den forbindelse.

Der er flere måder at bruge musikken til at højne sine evner for golf med. Den letteste er måske, at man på forhånd derhjemme lytter til et stykke musik, man holder af, samtidig med at man forestiller sig stående et passende sted på golfbanen, - parat til at slå sit næste slag. Det er vigtigt at leve sig godt ind i musikken og lade tonerne trænge ind i hver eneste lille celle i kroppen, som har en unik evne til at huske følelsen ved musikoplevelsen, når man får brug for den i en situation på golfbanen.

Har man mod på det, kan man prøve at medbringe en musikafspiller, når man øver sig på driving range eller putting green, - evt. tage den med ud på selve banen, når man går en øverunde Naturligvis altid under hensyntagen til andre, der færdes på banen.

Som endnu et alternativ kan man – i stedet for menneskeskabt musik – rette sin opmærksomhed mod naturens lyde: fuglesang, vindens susen i trætoppene, bækkens klukken eller havets brusen og lignende.

Løsning af golfens mysterium

Kan vi nu se en løsning på golfens mysterium?

Ja, vi har tidligere været inde på, at mennesket intetsteds er 'så nøgent, som når det står med en golfkølle i hånden', og her er det, jeg gerne vil lade ovennævnte sætning fortsætte således: *"og slår til sin golfbold"*, fordi vi herved får tilføjet den dynamiske side af processen.

Som det fremgår ovenfor, ser det ud til, at der, når vi spiller golf, foregår nogle processer på flere planer, hvilket vi kan sammenfatte således:

På golfbanen gennemgås en personlig udvikling

Uden egentlig at være bevidst om det, gennemgår enhver golfspiller en personlig udvikling ved at tage den udfordring op, som det er at stille sig op med en golfkølle i hånden og slå en bold ud.

- Her hjælper ingen social status eller penge på bankkontoen.
- Her er det ligegyldigt, om du er mand eller kvinde, ung eller gammel, sort eller hvid.
- Her er det *dig* uden dine sædvanlige kulturelle klæder, som træder i karakter og viser hvem, du egentlig er.
- Her hærdes du til at tackle fiasko og holde af dig selv uanset resultatet på scorekortet.

På golfbanen øver du dig i en ny tænkemåde

Dette sker ved, at du træner i at forene den lineære med den rumlige tænkemåde.

- Den *lineære* tænkemåde opleves gennem golfkøl-len og den rute du bevæger dig i på banen.
- Den *rumlige* tænkemåde opleves gennem golf-bolden og naturen, som tager hånd om dig.
- Sammensmeltningen mellem disse to tænkemå-der får du et glimt af i udførelsen af det sublime slag, hvor du opfatter krop, sind og ånd i ét nu, når din golfbold svæver gennem luften, som får dig til at glemme tid og sted.

Selv om oplevelsen kun varer et splitsekund, er det nok til at give dig blod på tanden. Du bliver i stand til at gen-nemgå frygtelige pinsler i form af ydmygende runder for at smage det sublime. Nogle bukker under og lader golf-køllerne blive på loftet eller i garagen. Andre rejser sig igen efter at have slikket sårene. De fleste aner ikke, hvad der sker. Men det sker ikke desto mindre. Som John Lennon engang udtrykte det: *Life is what happens to you when you are busy making other plans.*

Står vi nu med løsningen på golfens mysterium? Ja, må-ske, men ikke i Hercule Poirot'sk forstand: her kan der ikke fremlægges en bevisrække, som vil holde i 'retten'.

Løsningen på golfens mysterium ser ud til at være, at der ikke findes nogen endelig løsning i gængs forstand: at golf har holografisk karakter, hvorfor nye dybder afslø-res, hver gang man beskæftiger sig med golf.

Det betyder, at golf i en eller anden forstand gør det muligt for en spiller at øve sig i at udvikle hidtil ukendte eller rettere uerkendte sider af sig selv som menneske:

Golf styrker din *mentale* side, skaber kontakt til din *spirituelle* side, og øger din fleksibilitet over for livets *mystiske* side, som måske bedst kan beskrives som en afspejling af *forholdet* mellem de to førstnævnte.

Der er tale om en evig proces, hvor *yin* og *yang*, hvor det feminine og det maskuline, hvor det rumlige og det lineære, hvor *bolden* og *køllen* spiller sammen. Og her bliver det om ikke klart, så dog i hvert fald tydeligere, at det ikke er køllen *i sig selv* eller bolden *i sig selv*, som er det spændende: Næh, det er *forholdet* mellem disse, - og hvordan du som golfspiller er i stand til at tackle dette forhold.

Som golfspiller får du undertiden mulighed for at opleve det sublime slag, der peger mod verdener af en mystisk karakter, dvs. en hemmelighed, som dog aldrig vil blive afsløret, fordi den ikke *kan* afsløres. Den er i evig forvandling. Den fortryller og forundrer. Den vækker din nysgerrighed, din kreativitet og virketrang. Den driver dig fremad.

Hvis der er blot et gran af sandhed i det, jeg siger, kan vi begynde at forstå, at det, der ser ud som et tilforladeligt tidsfordriv for den mere velhavende del af verdens befolkning, rent faktisk er et særdeles vigtigt stykke arbejde, som på et tidspunkt (og sandsynligvis allerede nu) vil være til gavn for hele klodens befolkning: Ikke blot bearbejdes tænkemåden hos dem, som i mange tilfælde besidder magten til at tage vigtige beslutninger for store grupper af mennesker. Også på et fælles bevidsthedsplan foregår der en udvikling, som vi nok slet ikke kan begynde at skimte omfanget af endnu.

Jung kaldte dette plan for det *kollektivt ubevidste,* hvilket jeg forstår som det niveau i den menneskelige bevidsthed, der binder hele menneskeheden sammen.

At forestille sig, at alle mennesker i løbet af en overskuelig fremtid skulle blive i stand til at forene den lineære og den rumlige tænkemåde i mere end korte glimt, vil sikkert være at forvente for meget. Anderledes stillet er derimod vores børn/børnebørn/oldebørn, der har en chance for at blive født som potentielle emner for at opnå en sådan af mere varig karakter. Sandsynligvis fødes de kommende generationer med evner, der overstiger vores, og under alle omstændigheder vil de ikke først skulle bearbejde nogle 'mentale briller' svarende til dem, vi selv har været forsynet med, før de vil have muligheden for at nå så vidt.

Hvad vi nuværende golfspillere måske kan stilles i udsigt er, at vores glimtvise oplevelser på golfbanen kan føres over i hverdagen, således at vi i langt højere grad end tidligere bliver i stand til at lade vores handlinger dirigere af en fornemmelse af samhørighed med omgivelserne. Det betyder ikke nødvendigvis, at vi altid er bevidste om vores rumlige tænkemåde, - vi vil bare *bruge* den bare i langt højere grad end tidligere.

Måske mange er glade for at finde ud af, at de – tilsyneladende – arbejder for en god sag ved at spille golf. Når man er opdraget til, at det, man beskæftiger sig med, helst skal være til nytte, giver det en vis tilfredsstillelse at vide, at ens golfspil kan siges at bidrage til at udvikle mennesket og herved gøre verden lidt mere harmonisk og tolerant.

Og under alle omstændigheder er det dig, kære læser, der skal bedømme, om du personligt er kommet nærmere en løsning på golfens mysterium.